THE PLATINUM MOON

. . . OR, FRUIT OF THE NIGHT

LA LUNA DE PLATINO

. . . O, EL FRUTO DE LA NOCHE

THE PLATINUM MOON
... OR, FRUIT OF THE NIGHT

LA LUNA DE PLATINO
... O, EL FRUTO DE LA NOCHE

by

Evie Ivy

Bilingual edition

Translated into Spanish and edited

by

Roberto Mendoza Ayala

Illustrated by
Evie Ivy

Cover design by Alonso Venegas Gómez

DARK LIGHT
PUBLISHING
NEW YORK • MÉXICO

2019

First printing: 2019

ISBN: 978-1-7337341-3-4

Designed and typeset in New York City by:

Darklight Publishing LLC
8 The Green Suite 5280
Dover, DE 19901

Some of these poems have appeared in:

Riverside Poetry Anthology, Vols. 14-18
brevitas, No. 9, 11, 12 and 13
The Poetry Table, 2016 and 2017
The Alternative New Year's Day Anthology, 2014, 2015 and 2017
The bilingual anthology, From Neza York to New York, 2015
Nomad's Choir poetry journal,
and other local publications.

"Crumpled Sonnet" appeared in
David Morneau's publication, "Love Songs," and was set to music.

"The Girls and Their Savings" shared 1st prize in the
Light of the Stars Annual Poetry Contest, 2017

And a thank you to Cindy Hochman, NYC based proofreader, for her suggestions
with the Introduction, and the poem, "The Bather."

Contents

Índice

Introduction

EVIE IVY has been an active member of the New York City poetry scene for many years. She has organized artistic events in both Manhattan and Brooklyn, where she has been the curator and host of one of the longest-running reading series in the NYC area.

Her work contains the flavor of the dance, particularly the graceful Oriental dance (a/k/a belly dancing), of which she is an instructor. She has been a practitioner from her youth. The mysteries of the night and the secrets of the sacred writings, the rites, the trance—induced by the repetition of the chants, the stars contemplated from the mystical vision of the ancient Egyptian and Greek peoples—all have a place in her writings.

However, the world of Evie Ivy is also that of the senses and of the everyday, the things to which we do not normally pay attention, but which powerfully influence our lives, although we are not aware of it. The poet rescues, in memorable lines, moments that allude to the tactile, the aromas, the mirages that we prefer to ignore and the significant coincidences to which we should always be attentive.

Add to the above-mentioned the vignettes that illustrate several of the pages of this book, drawn by the hand of the author herself, to round out an enjoyable work, and bring the reader closer.

Roberto Mendoza Ayala

Introducción

EVIE IVY ha sido por muchos años una activa participante de la escena literaria de Nueva York. Ha organizado eventos artísticos tanto en Manhattan como en Brooklyn, donde ha sido editora y anfitriona de una de las series de lectura más longevas en el área.

Su obra tiene el sabor de la danza, particularmente el de la cadenciosa danza oriental (también conocida como *belly dancing*), de la que ella es instructora, habiendo sido practicante desde su juventud. Los misterios de la noche y los secretos de las escrituras sagradas, los ritos, el trance inducido por la repetición de los cánticos, los astros contemplados a partir de la visión mística de los antiguos pueblos egipcios y griegos, todos tienen un lugar en su escritura.

Sin embargo, el mundo de Evie Ivy es también el de lo sensorial y lo cotidiano, el de las cosas a las que normalmente no prestamos atención pero que inciden poderosamente en nuestras vidas aún sin darnos cuenta. La poeta rescata en memorables líneas instantes que hacen alusión a lo táctil, a los aromas, a los espejismos que preferimos ignorar y a las coincidencias significativas a las que siempre deberíamos estar atentos.

Agreguemos a todo lo mencionado las viñetas que ilustran varias de las páginas de este libro, dibujadas por mano de la autora misma, para redondear una obra disfrutable, de una gran cercanía al lector.

Roberto Mendoza Ayala

THE PLATINUM MOON
LA LUNA DE PLATINO

CONFESSED

I would have given anything
to go into a quaint
little
house
and in
the crisp
sheeted
bed go
to the
clouds
in comfortable
sleep.
And when
I would
awake,
refreshed,
the bears would
have found me,
but I would not have touched their

"porridge."

LO CONFIESO

Hubiese dado cualquier cosa
por entrar en una pintoresca
pequeña
casa
y en
la cama
de sábanas
frescas ir
hacia las
nubes
en un sueño
confortable.
Y que cuando
me
despertase
repuesta,
los osos
me encontrasen,
pero yo no habría tocado su

"avena."

DREAMS

There are dreams that are engraved in the mind
morning did not have a chance to dispel
from what is real. You could bring them on,
vivid pictures on the screen of memory.

But some dreams will fragment, and move on out
leaving behind sad or somehow tranquil
feelings, but you can't remember the dream.
Its pieces flow with your sad or happy

dream into a huge mental void that can
match that of the universe, with your dream
embossed on them. They float in so slightly
uneven colored shreds—a lost work of art?

Fragments of something have left you wondering
whether it was an important piece or not. . . .

SUEÑOS

Hay sueños que están grabados en la mente,
la mañana no tuvo tiempo de separarlos
de lo real. Podrías traerlos de nuevo,
vívidas imágenes en la pantalla de la memoria.

Sin embargo algunos sueños se fragmentarán y se irán,
dejando atrás de algún modo tristes o serenas
sensaciones, aunque no puedas recordar el sueño.
Sus pedazos fluyen con tu triste o alegre

sueño hacia un enorme vacío mental que puede
coincidir con el del universo, con tu sueño
estampado sobre ellos. Flotan con ligereza como
jirones de colores disparejos—¿Una obra de arte perdida?

Fragmentos de algo que te hace preguntarte
si era o no una pieza importante. . . .

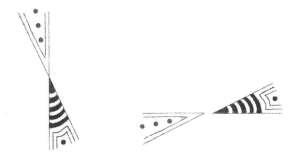

A MOMENT SAVED

These were the things
that never happened:
the tapestry
that stayed unwoven,
thread in the mind.
The dinner that was

never served in
the garden.
Words dropped with
promise, unfulfilled.
And another day left
as days
collapsed into days.
Where did
the dominoes go?
You try to tie them
together, sequenced,
work undone.
You pray to find some
wanted moments,
at least, again.

A day fallen,
as if a fruit from
an overcrowded dish.
A day gone, but seed,
along with its notes.
A scene, unfinished.

UN MOMENTO RECUPERADO

Estas fueron las cosas
que nunca sucedieron:
el tapiz
que se quedó sin tejer,
hilo en la mente.
La cena que

nunca se sirvió en
el jardín.
Las palabras soltadas con
promesas, incumplidas.
Y otro día olvidado
mientras los días
se derrumbaban en los días.
¿A dónde se fueron
los dominós?
Intentas ligarlos
juntos, ordenados,
trabajos sin completar.
Ruegas por encontrar algunos
momentos deseados,
siquiera, otra vez.

Un día caído,
como una fruta desde
un plato atiborrado.
Un día ido, pero semilla,
junto con sus notas.
Una escena, sin terminar.

Flash—one day—news flash
—a day, passed, has been
found, recovered
from some dumpster—fresh.

Un destello—un día—un destello de noticias
—un día transcurrido ha sido
encontrado, recuperado
de algún basurero—fresco.

CRUMPLED SONNET

I cannot comprehend how you commenced,
from where in my heart the beginning foamed
to a fountain of such false inspiration.
A sonnet would have been too beautiful,
too sweet and tamed for you, for me—joyful.

You didn't want to be the brief haiku;
of truth and nature you weren't confection,
to have been brief would've been too kind of you.

You wished to be free verse and flow as pleased,
but in no order, sequence have you flowed!
Now, as I sit among crumpled paper,
I realize that when your words first showed

I should not have cared or have been stricken,
yet, you were the sonnet I should've written.

SONETO ARRUINADO

No puedo entender cómo empezaste,
por qué mi corazón al comienzo abrevó
en una fuente de inspiración tan engañosa.
Un soneto hubiese sido demasiado hermoso,
muy dulce y manso para ti, para mí—gozoso.

No quisiste ser el breve haikú;
de verdad y naturaleza no fuiste hechura,
ser breve hubiese sido muy gentil de tu parte.

Deseaste ser verso libre y fluir a placer,
¡Pero sin orden ni secuencia has transcurrido!
Ahora, mientras me siento entre papel arruinado,
sé desde tus primeras letras que han surgido

que no debí preocuparme ni afligirme,
pues eras el soneto que debía haber escrito.

THE SWIM

I'll not dispel your mind.
You'll not perish in a deluge
of words here.
A typhoon will not pick
you up to discard you in far
waters, lost trying to decipher,
still clutching this paper,
reading this as an
archeologist would, searching
to find truth or reason,
because if there's any sense
you'll be the one to find it.
I'll be simple, not use metaphors
or similes that'll leave you
in a turning torrent.

There are times I go back,
turn the hour glass over and over;
tell myself, life is strange,
stranger our acceptances.
We were human
and became stranded
in our own cloud-built castles.
In the end, there is so much
you can hold on to
each other before you fall,
and kick your way to land.

EL NADO

No dispersaré tu mente.
No perecerás en un diluvio
de palabras aquí.
No te levantará un tifón
para arrojarte en aguas
lejanas, perdido intentando descifrar,
todavía sosteniendo este papel,
leyéndolo como
un arqueólogo lo haría, buscando
encontrarle la verdad o la razón,
porque si tiene un sentido
tú serás el que lo encuentre.
Seré sencilla, no usaré metáforas
o analogías que te dejen
girando como remolino.

Hay veces que regreso,
doy vueltas al reloj una y otra vez;
me digo a mí misma, la vida es extraña,
más extrañas nuestras convicciones.
Somos humanos
y quedamos varados
en nuestros propios castillos hechos de nubes.
Al final, hay tanto
de lo que puedes sostenerte
del otro antes de caer
y apresurar tu paso hacia la tierra.

SONG TO A SHADOW
(or, Synesthesia)

I traveled through the shadows
and soon I heard, "I'm real."
I forgot to fear shadows,
and his dark and beautiful
mind gave me to an earthy
bliss that was only—mirage.
At times I loved the darkness,
and in my heart so safe
in not seeing what was clear.
Oh, darkly beautiful mind
of so many weaknesses
that feathered away from me,
where does your path now lead you,
where does my path now lead me,
since I pushed you to the wind?
The only things left to touch—
shadow of a shadow,
a voice—echo of echo.

CANTO A UNA SOMBRA
(o, Sinestesia)

Viajé a través de las sombras
y pronto escuché, "soy real".
Olvidé temer a las sombras,
y su oscura y hermosa
mente me llevó a una dicha
terrenal que era solamente—espejismo.
A veces amaba la oscuridad,
y en mi corazón tan confiado
no vi lo que estaba claro.
Oh, mente oscuramente hermosa
de tantas debilidades
que volaron lejos de mí,
¿A dónde ahora tu sendero te conduce,
a dónde ahora mi sendero me conduce,
desde que te empujé hacia el aire?
Las únicas cosas que quedaron para ser tocadas—
la sombra de una sombra,
una voz—el eco de un eco.

OBSESSIVE TAKE-OVER

One day I fell into his routine
and when he held me, I sang a song,
and became the butter of his morning's
bread, the diva of his moonlight's toast.

And knowing well the part I played
and dancing along, I watched myself
his partner, under the watchful moon,
her light. Then soon—I knew

not where! And when I wanted to dance
no more, wanting to see the day,
"lead me back home," I implored.
He just kissed my hand as if

it was his prayer, while I prayed
to the moon, for he wanted to hold
me forever in the night, and I needed
the company of my own shadow.

A strong thought then came
and took me home as the tulle
moon slowly disappeared
leading me into the day.

OBSESIVA POSESIÓN

Un día caí en su rutina
y cuando él me abrazó, canté una canción
y me convertí en la mantequilla de su pan
cotidiano, la diva de su ambrosía lunar.

Y conociendo bien la parte que yo interpretaba
y bailaba así, me vi a mí misma
como su pareja, bajo la luna atenta,
su luz. Luego, pronto—¡no supe

dónde! Y cuando no quise bailar
más, queriendo ver la luz del día,
"llévame a casa", le imploré.
Él besó mi mano casi como si

estuviese rezando, mientras yo le rezaba
a la luna, porque él quería guardarme
para siempre en la noche, y yo necesitaba
la compañía de mi propia sombra.

Llegó entonces un firme pensamiento
que me llevó a casa mientras la luna
de tul desaparecía lentamente
conduciéndome hacia el día.

ANOTHER DAWN

In this journey,
you learn to guard
yourself, to watch,
for evil has its
own guardian
angels, and know
eventually
all things collide
into one. Soon,
you can't find home
and He takes you
to the Bridge of
the Malcontent.
But turning to
face the grimaced
ghosts once more you
have looked beyond,
toward great stage
light's seductive
dawn, and brushing
them away, awaken,
think—it's time
to be beautiful—
it's time to be
beautiful—
be beautiful.

OTRO AMANECER

En esta travesía
aprendes a
protegerte, a observar,
ya que el mal tiene sus
propios ángeles
guardianes, y sabe
que eventualmente
todas las cosas se fusionan
en una sola. Pronto,
no encuentras el hogar
y Él te lleva
hacia el Puente del
Desafecto.
Pero volteando
a encarar a los fantasmas
gesticulantes una vez más
has mirado más allá,
hacia el gran escenario
de la luz seductora
del amanecer, y deshaciéndote
de ellos, despierta,
piensas—es tiempo
de ser hermosa—
es tiempo de ser
hermosa—
ser hermosa.

RELATED TO THE WIND

A gentle quiet Brooklyn breeze
Lifts away the curtains to come in
And lightly touch on everything.

Oh, gentle quiet Brooklyn breeze,
You swept the hair to cool the minds
And ruffled skirts to touch the feet
That walked about the Trojan hills.

You feel good but what can you foretell,
So gentle, quiet Brooklyn breeze
Who is a partner of the wind?

You circle Earth a touching poem,
Yet no one hears your narratives;
You share your secrets with the moon.

RELATIVO AL VIENTO

Una suave y tranquila brisa de Brooklyn
Levanta las cortinas para entrar
Y posarse ligeramente en todo.

Oh, suave y tranquila brisa de Brooklyn,
Te deslizas entre el pelo para refrescar las mentes
Y agitas faldas para tocar los pies
Que caminaron sobre las colinas de Troya.

Eres agradable pero ¿qué puedes predecir tú,
Suave y tranquila brisa de Brooklyn
Que eres compañera del viento?

Rodeas la Tierra, un poema conmovedor
A pesar que nadie escuche tus historias;
Compartes tus secretos con la luna.

THE WIND

Why he talks into the wind they wonder,
dark solitary figure who had love
to appreciate, a love true and pure.
One day, he beat it to the bone, and when
he called out it merrily came to him.
Not too long after he thought of drowning it.
Relishing in its agony he left.
And he called again, it came full of hope.
Love bears; it came with the same devotion,
but he was always the same. Again, plans
to burn it he set in motion and when
he saw the ashes, he left. Soon the wind
came with tenderness and picked up away
the ashes. It took Love to waiting Love,

bringing it back to its splendor, and when
he called Love never came, only the Wind.

EL VIENTO

¿Por qué él habla hacia el viento, se preguntan?
Una oscura figura solitaria que tuvo amor
para valorar, un amor verdadero y puro.
Un día, él lo golpeó hasta los huesos, y cuando
le gritó vino alegremente hasta él.
No mucho después él pensó en ahogarlo.
Regocijándose por su agonía le dejó.
Y lo llamó de nuevo, él vino lleno de esperanza.
El amor soporta; llegó con la misma devoción,
pero él era siempre el mismo. De nuevo, planea
quemarlo, pone manos a la obra y en cuanto
vio las cenizas, se marchó. Pronto el viento
vino con ternura y recogió
las cenizas. Quiso el Amor esperar al Amor,

trayéndolo de vuelta a su esplendor, y cuando
él llamó al Amor éste nunca llegó, solo el Viento.

AN OLD AMULET OR INTERPRETATION

I don't know the magic words. Only
in the mind do things disappear
and reappear with words, only in
minds words can make shadows come alive,
but they are still shadows. Impressions,
are just impressions. Walking downhill
is easier than uphill, but it
also depends on what's carried.
In a world of changing color
you can't swear to anything. Those stars
you look to, swear to, were most useful
to an ancient traveller, but while
in motion you charm yourself, remind
yourself that everything is fine.

He didn't have the right words, he had
his own visions and excuses.
It was the wrong one emergence
with disruption, no talisman
helped that. No ancient runes or charms
to ward it off when you've already
mistaken it. Some, will not want
amulets. They'll say, "your luck is
your luck." Only in our minds could things
appear and disappear with words.

A smile is a good disguise, still
we feel calm holding our tokens,
keeping our lucky charms around
our necks, and deep in our pockets.

UN ANTIGUO AMULETO O INTERPRETACIÓN

Yo no conozco las palabras mágicas. Solo
en la mente las cosas desaparecen
y reaparecen con palabras, solo en
las mentes las palabras pueden dar vida a las sombras,
pero siguen siendo sombras. Impresiones,
son solo impresiones. Caminar cuesta abajo
es más fácil que ir cuesta arriba, pero
también depende de la carga.
En un mundo de colores cambiantes
no puedes fiarte de nada. Aquellos astros
que miras, a los que te encomiendas, eran muy útiles
para un antiguo viajero, pero en cuanto
se mueven tú mismo te fascinas, te dices
a ti mismo que todo está bien.

Él no tenía las palabras correctas, tenía
sus propias visiones y excusas.
El que surgió fue el que no iba a ser
con interrupciones, ningún talismán
podía ayudar. No hay antiguas runas o conjuros
para evitarlo cuando te has
equivocado. Algunos no querrán
amuletos. Dirán, "tu suerte es
tu suerte". Solo en nuestras mentes las cosas podrían
aparecer y desaparecer con palabras.

Una sonrisa es un buen disfraz, aún así
sentimos tranquilidad cargando nuestros talismanes,
llevando nuestros amuletos de la suerte colgando
de nuestros cuellos y en el fondo de nuestros bolsillos.

ON TIME

We are the ones that must adjust
ourselves, to move along
with time, so delicate
and gracious it passes along.
We do not keep its pace
precise, though we may try,
destined to fall behind.

Who gave birth to this
whom some say does not exist?
No olden father, mother, time—
it's always fresh.
See an upright and so graceful man
or woman there with even stride,
who's neat gold and silver cloak
we sloppily do follow.

It gives the same for rich and poor.
It knows no kings and queens.
And we can do our best, when we
don't think about it.

A TIEMPO

Somos quienes debemos ajustarnos
a nosotros mismos, movernos a la par
del tiempo, que tan delicado
y gracioso transcurre.
No mantenemos su ritmo
preciso, aunque podemos intentarlo,
destinados a quedar atrás.

¿Quién dio origen a esto,
lo que unos dicen que no existe?
Ningún anciano padre, madre, el tiempo—
es siempre fresco.
Vemos allí a un distinguido y tan agraciado hombre
o mujer de paso constante,
cuya elegante capa de oro y plata
seguimos tan descuidadamente.

Le da lo mismo al rico que al pobre.
No conoce reyes y reinas.
Y hacemos lo mejor, cuando
no pensamos en él.

EMPTY OBSESSION

What was his obsession
with my clothes?
The buttons on my shirt,
the way they came together
opened and closed,
it might as well been scientific.
What was his obsession
with my clothes?
Of my shirts,
the way the fabric felt,
softness, the texture,
he should have been a manufacturer.
To love the lines of my dresses
and need to feel the fit—
from where in him
did it stem, to pick up
and examine the hem,
he should have been a designer.
What was his obsession—
nearness, closeness,
touching, stitching, opening, lifting,
with my clothes,
when he really felt nothing?

VACÍA OBSESIÓN

¿Cuál era su obsesión
con mis vestidos?
Los botones de mi blusa,
el modo en que
se abrían y cerraban,
bien podría haber sido científico.
¿Cuál era su obsesión
con mi ropa?
De mis blusas,
por el modo como él sentía la tela,
la suavidad, la textura,
debiera haber sido fabricante.
Para amar las líneas de mis vestidos
y necesitar sentir su ajuste—
de dónde
le vendría levantar
y examinar el dobladillo,
debiera haber sido diseñador.
¿Cuál era su obsesión—
cercanía, proximidad,
tacto, puntada, estreno, realce,
con mis vestidos,
si él realmente no sentía nada?

THE PLATINUM MOON

"Save me, save me," he would say,
and point to the Little Dipper,
then looked for the Big Dipper.

I'll save him with the platinum
moon that forgetting sense
can only speak of now.

"Save me, save me," he would say,
then point to the Little Dipper,
and looked for the Big Dipper.

And in my mind
I chained the shiny moon to him
and saved him in my dress.

But the moon with him rolled
between my bosom,
down my belly to my feet,

kept moving toward a river
where squadrons of fish
blew enough bubbles to hurl

them toward the sky.
"Save me, save me," were his words,
and when I'm outside

and the moon has her platinum glow,
I see him, the Little Dipper,
and the Big Dipper.

LA LUNA DE PLATINO

"Sálvame, sálvame", diría él,
señalando a la Osa Menor,
para luego buscar a la Osa Mayor.

Lo salvaré con la luna
de platino que olvidando el sentido
solo puede hablar del momento.

"Sálvame, sálvame", diría él,
señalando luego a la Osa Menor,
y buscando a la Osa Mayor.

Y en mi imaginación
lo encadené a la luna brillante
y lo salvé en mi vestido.

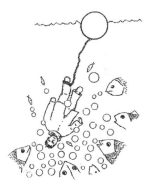

Pero la luna rodó con él,
entró en mi pecho,
bajó por mi vientre hasta mis pies,

y continuó moviéndose hacia un río
donde escuadrones de peces
soplaron suficientes burbujas para lanzar

a ambos hacia el cielo.
"Sálvame, sálvame", fueron sus palabras,
y cuando estoy afuera

y la luna tiene su brillo de platino,
yo lo veo a él, a la Osa Menor,
y a la Osa Mayor.

APHRODITE

On an ancient jug Aphrodite,
her dark hair held back with a white
bandanna, sits in an ornate chair
that has slim legs made to look like
black Ionic columns. She studies
the string instrument on lap so deep
in thought, as long dark hair falls in small
waves down her back. A light colored
tunic hides almost all of her,
except for her face, hands and feet.

No Hollywood or any artist's
makeover here, beauty and love
seem to be the last things on her mind.
Studious Aphrodite, with dark
hair held back with a white bandanna.

AFRODITA

En un antiguo jarrón, Afrodita,
su cabello obscuro recogido con un pañuelo
blanco, se sienta en una silla ornamentada
cuyas delgadas patas semejan
negras columnas jónicas. Ella practica
el instrumento de cuerda sobre su regazo sumida
en reflexiones, mientras el largo cabello obscuro cae en
ondas por su espalda. Una túnica de color claro
oculta casi todo de ella,
excepto su cara, las manos y los pies.

Aquí no hay Hollywood ni maquillajes
artísticos, la belleza y el amor
parecen ser las últimas cosas en su mente.
Estudiosa Afrodita, con cabello obscuro
recogido con un pañuelo blanco.

THE HANDOUTS

"I don't take that garbage,"
my companion tells me,
and I know the handbills
can litter my handbag!

"One day, I'll find something,
and it's somebody's job."
I'll accept the handouts,
flyers that are given

out on the avenues,
cold, hot or rainy days.
Why not? It's someone's job,
they're getting paid. And who

knows? One day, I'll find what
it is I'm looking for!

LOS VOLANTES

"Yo no recibo esa basura",
dice mi acompañante,
¡y sé que los folletos
pueden acumularse en mi bolso!

"Un día, encontraré algo,
y es el trabajo de alguien".
Aceptaré los volantes,
papeles que son repartidos

en las avenidas,
en días fríos, cálidos o lluviosos.
¿Por qué no? Es el trabajo de algunos,
se les paga por eso ¿Y quién

sabe? ¡Un día encontraré
lo que estoy buscando!

RHYTHMS

Why judge
Whom you don't know
When you hear
Half a story?

I don't know anyone.
Who knows anyone?
That's why they'll
Say he was such a nice boy,
After the fact.
She was such a good mother,
After the act.

My heart pounds . . .
Yet strums the guitar.

I don't know anyone.
I could only say I know—
A song,
Music,
A dance.

RITMOS

¿Por qué juzgar
A quien no conoces
Cuando escuchas
La mitad de una historia?

Yo no conozco a nadie.
¿Quién conoce a alguien?
Por eso es que ellos
Dirán que él fue tan buen chico,
Después del hecho.
Ella era tan buena madre,
Después del acto.

Mi corazón tamborilea . . .
no obstante rasga la guitarra.

Yo no conozco a nadie.
Solo podría decir que conozco—
Una canción,
La música,
Un baile.

IN THE AIR

Standing there by the encased
mummy time itself
seemed to have purified it,

as in funeral parlors' air
that's masked or cleansed
and the dead have been given
a festive look,

and can almost smell new . . .
there's something about the new
that sometimes smells old . . .

by the window
traveling breeze carries aroma
of fresh cooked sautéed food
and then the scent of . . . *face powder?*

EN EL AIRE

De pie junto a la momia
encajonada el tiempo mismo
pareciera haberla purificado,

mientras en las salas funerarias el aire
es disfrazado o lavado
y a los muertos se les da
una apariencia festiva,

y casi hasta podrían oler a nuevo . . .
hay algo que tiene lo nuevo
que en ocasiones tiene aroma a viejo . . .

por la ventana
la brisa viajera trae un olor
de alimentos salteados recién hechos
¿y enseguida el olor a . . . *polvo cosmético*?

MY LOVE

If I say, "I love you"
you don't have to say,
"I love you," back.
Don't say "I love you,"
expecting I'll repeat
"I love you," back, I'll say
"I love you," and you don't
have to say a thing.

MI AMOR

Si digo, "te amo"
no tienes que decir
"te amo" a cambio.
No digas "te amo"
esperando que yo repetiré
"te amo" a cambio; yo diré
"te amo", y tú no
tienes que decir nada.

NIGHT SHADOWS

Walking home along quiet
night streets I see shadows
elongate and turn around

corners. They disappear
to return under a new
light. At times the shadows
duplicate and become

a shadow with
its own shadows.

A shadow is an attached
thing. As I step into
the house I turn to notice
the trees cast shadows

moving, as if
finger puppets.

SOMBRAS NOCTURNAS

Caminando a casa por calladas
calles nocturnas veo sombras
alargarse y dar la vuelta

en las esquinas. Desaparecen
para regresar bajo una nueva
luz. A veces las sombras
se duplican y se convierten

en una sombra con
sus propias sombras.

Una sombra es una cosa
agregada. Al entrar en
la casa volteo para observar
las sombras de los árboles

moviéndose, como si fuesen
marionetas en los dedos.

A RIFT

It arrives smooth into your life and blends
in as if you were but a soft silk thread.
Everything seems to feather the mind right,
as a soft painting masterfully done
with lovers, friends in gardens filled with light
and who would know were the lines might be wrong,
in the beauty of the wanted scene? A spring
of madness, unexpected storms rip something
from you. That unexplained viciousness under
the down, that can live well, nicely disguised.
Who could know what's under the coat, when some
days make everything look so beautiful? Still,

surprises walk well in perfect pictures,
and you, can only hope for the cuddling kind.

UNA GRIETA

Llega suavemente a tu vida y se entremezcla
como si fueras un hilo de seda suave.
Todo parece llenar la mente de forma correcta,
como una pintura suave hecha magistralmente
con amantes, amigos en jardines llenos de luz
y ¿quién sabría dónde estarían las líneas equivocadas,
en la belleza de la escena deseada? Una primavera
de locura, tormentas inesperadas arrancan algo
de ti. Esa inexplicable crueldad
agazapada, que puede vivir bien, bellamente disfrazada.
¿Quién podría saber qué hay debajo del abrigo, si hay
días que hacen parecer todo tan hermoso? Aún así,

las sorpresas caminan a gusto en imágenes perfectas,
y tú, puedes esperar solamente el amable abrazo.

FORTUNE COOKIE

It was at a Chinese restaurant in Park Slope
that's no longer there. We had finished
our dinner and the waiter brought
the small dish with the two expected fortune
cookies. Having fun, I felt a necessity to play
with the cookies, and switched the cookies
position around and around, thinking it would
be more magical, recalling once before
for the moment, a fortune cookie had made
an uncanny truthful statement. I took the cookie
closest to me and pulled out the strip.

"Your date's a dud."
How could they put that in a fortune cookie,
"Your date's a dud?"

But they had. I imagined if he'd gotten it,
him trying to hide the strip, trying not to let
me see it, thanking God he had it instead.
A gracious person, in his late thirties,
his conversation usually consisted of,
"My mother, the house, the cat," which was okay.
We were friends for some years, and I always
heard, "my mother, the house, the cat," not
always in that order. And it was all right.

Many times I soothed his guilt.
"For a couple of hours that you step out,
your mother, house, and cat will be fine."
"Your date's a dud," the fortune cookie said.

GALLETA DE LA SUERTE

Sucedió en un restaurante chino de Park Slope
que ya no está ahí. Habíamos terminado
nuestra comida y el mesero trajo
el platito con las dos esperadas galletas
de la suerte. Divertida, sentí la necesidad de jugar
con las galletas, y las cambié de lugar
una y otra vez, creyendo hacerlas
más mágicas, recordando en ese momento
la ocasión en que una galleta de la suerte había hecho
una misteriosa predicción veraz. Tomé la galleta
más cercana a mí y jalé la tira.

"Tu pareja es un inútil".
Cómo pudieron poner eso en una galleta de la suerte,
"¿Tu pareja es un inútil?"

Pero lo habían hecho. Imaginé si a él le hubiese tocado,
tratando de ocultar la tira, intentando
que yo no la viese, dando gracias a Dios que él la tenía.
Una persona agraciada, treintañera,
su plática generalmente consistía en
"Mi madre, la casa, el gato", lo que era correcto.
Fuimos amigos por algunos años, y yo siempre
escuché, "mi madre, la casa, el gato", no
siempre en ese orden. Y estaba bien.

Muchas veces yo calmaba su culpa.
"Por un par de horas que salgas,
tu madre, tu casa y tu gato estarán bien".
"Tu pareja es un inútil", decía la galleta de la suerte.

ANYWHERE
(An Old Business Card)

On back of a yellowed printers calling card
from eighteen-eighties South Brooklyn city world,
a scripted message remains. Love defends
itself, "You are wrong, meet me anywhere,"

Love declares, "If I don't convince you, I will
give you up." The message goes on, "Meet me
anywhere, at home or any place you
may name." A heart may not be swayed by words,
yet someone did preserve this card. On back
of a yellowed card from an eighteen-eighties
Brooklyn city world, a message remains
as crisp as if it had been written today

by Cupid's very arrow, "Meet me," Love
declares, "and I'll convince you . . . I am right."

EN CUALQUIER LUGAR
(Una antigua tarjeta de negocios)

Al reverso de una amarillenta tarjeta de llamadas
del mundo de 1880 de la ciudad de South Brooklyn,
permanece un mensaje escrito. Amor se defiende
a sí mismo, "Estás equivocada, búscame en cualquier lugar",

Amor declara, "Si no te convenzo, renunciaré
a ti". El mensaje continúa, "Encuéntrame
en cualquier lugar, en casa o en cualquier parte
que digas". Un corazón no debiera ser influido por palabras,
sin embargo alguien conservó esta tarjeta. Al reverso
de una tarjeta amarillenta del mundo de 1880
en la ciudad de Brooklyn, un mensaje permanece
tan fresco como si hubiese sido escrito hoy

por la mismísima flecha de Cupido, "Búscame" Amor
declara, "y yo te convenceré . . . lo sé."

THE PLATED MOON

I thought it was something so wonderful,
and it turned to be an ordinary thing.
I thought I could forgo what wasn't just so,
because this may truly be the genuine,
but it stayed too regular. Maybe even less.
One must give attention to the other side
of things. I may have been blinded, by what?
One of those mistaken things, or maybe
I was mistaken for something I was not?

LA LUNA PLATEADA

Pensé que era algo tan maravilloso,
y resultó ser una cosa ordinaria.
Creí que podría olvidar lo que no era correcto,
porque esto podría haber sido lo genuino,
pero se quedó en mediocre. Quizá en menos.
Uno debe poner atención al reverso
de las cosas. Pude haberme cegado, ¿por qué?
Por una de aquellas cosas equivocadas, ¿o quizás
yo fui tomada por algo que yo no era?

SUMMER'S SYMPHONY

Aware of a serene blue canopy
outside, I lie by the window and breathe
in emerging breezes. They enter with
a gentle orchestra. I hear the voices
of neighbors at work and at their leisure.
Here and there laced in, is the bark of some
contented dog. Along with it are summer
birds in melodic chatter. Blended in
with the ruffling leaves I hear
a strange creature's refrains.
An airplane cuts into
nature's song, and I
fly on its wings
deeper into
para-
dise.

SINFONÍA DEL VERANO

Consciente del sereno dosel azul
allá afuera, yazgo junto a la ventana y respiro
los aires que emergen. Entran con
una gentil orquesta. Escucho las voces
de los vecinos en sus trabajos y placeres.
Aquí y allá entrelazado, el ladrido de algún
perro satisfecho. Junto con eso las aves
del verano en melódica charla. Fundidos
con el agitar de las hojas escucho
estribillos de extraña criatura.
Un avión atraviesa el
canto natural, y yo
vuelo en sus alas
al fondo del
para-
íso.

CLOUD BOUND FROM THE PLANE

.

Mankind's homes seem braided
labyrinths on the earth's plane.
Rivers and rivulets snake along
the earth—life containing veins
give her nourishment.
While we live in this body
the soul wears, there is a need
to care for this Mother Earth.
Clouds envelope, long, round
fluffed, flat gauze clouds in white
to light grey. The plane travels
in between layers of a misty fog
like cloud. Beyond there's a full
circular rainbow that moves with
the shadow of the plane in the center.

Some clouds are angel wings,
others artist's white brush strokes
on our light blue canvas.
Misty long and flat clouds across
the horizon seem stages
that may be danced upon.

The plane in a cloud—
nature and human greatness.

HACIA LAS NUBES DESDE EL AVIÓN

Las casas de la humanidad parecen laberintos
trenzados en la planicie terrestre.
Ríos y riachuelos serpentean sobre
el paisaje—venas que contienen la vida
que le da sustento.
Mientras vivimos en este cuerpo
que el alma usa, hay necesidad
de cuidar a esta Madre Tierra.
Envoltura de nubes, largas, redondas
como pelusas, nubes planas de gasa blanca
a gris claro. El avión viaja
entre capas de una niebla brumosa
como nube. Más allá hay un arco iris
circular que se mueve con
la sombra del avión en el centro.

Algunas nubes son alas de ángel,
otras, pinceladas blancas de artista
en nuestro lienzo azul claro.
Nubladas nubes alargadas y planas en todo
el horizonte semejan escenarios
donde podría bailarse.

El avión en una nube—
naturaleza y grandeza humana.

BUGS

I decided to go and release the mind
in nature's openness, dispel it
from the *I told you so*
and *should have knowns* of life
that time always seems to drag
along, to move away from bricks

and cement, to see the foliage,
birds fly across an open sky,
and the birds in the water.
Realizing I wasn't properly attired,
soon feared, "I don't want bug bites,"
to hear, "It is not the season for bugs."

I wasn't wearing long pants and socks
and felt safe on the main road
winding along. The blooming
tempted, but I stayed on that path
and kept hearing, "It's too windy
anyway—there are no bugs."

More properly attired, I went back
to the fresh air, the greenery now
laced with more of gold, and walked
into the hidden paths. On the way
home noticed in a mirror a red spot
on my cheek—already swelling.

INSECTOS

Decidí salir y liberar la mente
en la amplitud de la naturaleza, despejarla
de los *te lo dije*
y los *debieras haber sabido* de la vida
que el tiempo siempre parece arrastrar
consigo, alejarme de los ladrillos

y el cemento, para ver el follaje,
las aves cruzar un cielo abierto,
y los pájaros en el agua.
Dándome cuenta que no estaba vestida adecuadamente,
pronto temí, "no quiero piquetes de insectos",
para luego escuchar, "no es temporada de insectos".

No estaba usando pantalón largo ni calcetas
y me sentí segura vagando sobre el camino
principal. Las floraciones
llamaban mi atención, pero permanecí en el sendero
y seguía oyendo, "hay demasiado viento
de cualquier modo—no hay insectos".

Mucho mejor vestida regresé
al aire fresco, al verdor ahora
entrelazado con más dorados, y caminé
por senderos ocultos. De vuelta
a casa observé en un espejo un punto rojo
en mi mejilla—ya inflamándose.

Some will say, "It is not the season
for bugs," but I can tell you,
there's a bug for every season
and always an "I told you so."

Algunos dirán, "No es la temporada
de insectos", pero puedo decirte
que hay un insecto para cada estación
y siempre un "Te lo dije".

THE CLOSET AND THE TREE

I stored everything in this closet called
the heart and full as a tree in summer.
I felt that things could be mended, or glued.

A closet can hold all the components
of life, as the leafy tree. Yet trees know
time will come for changes. There are those who
scream at their own shadow, panic you almost
to death, like a tree will at the thought of

the hurricane. To smooth things you opened
the door and they've tumbled. Examining them,
you found they weren't worth this given space.
Then you remembered the tree—let them be,
and let them change. Things no longer needed
will gently fade, even from the closet.

EL CLÓSET Y EL ÁRBOL

Yo almacenaba todo en este clóset llamado
corazón y lo llenaba como un árbol en verano.
Sentía que las cosas podían ser zurcidas o pegadas.

Un clóset puede contener todos los componentes
de la vida, como el árbol frondoso. Aún así, los árboles saben
que vendrá una época de cambios. Hay aquellos que
le gritan a su propia sombra, te atemorizan casi
a morir, como la inquietud de un árbol al pensar en

el huracán. Para acomodar las cosas abriste
la puerta y se cayeron. Examinándolas,
encuentras que no valía la pena darles este espacio.
Entonces recordaste el árbol—déjalas ser,
y deja que cambien. Las cosas que ya no son necesarias
se desvanecerán poco a poco, aún dentro del clóset.

LEGACY (Sedoka)

The world was once theirs.
All they passed on—the morning's
expectations, the evening's

laughter, moon, star-full
canopy, the three seasons,
and the winter she "passed" in.

EL LEGADO (Sedoka)

Era su mundo.
Murieron—las esperas
matinales, la risa

azul, luna, cielo
astral, tres estaciones,
y el invierno en que ella "murió".

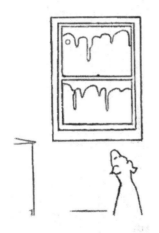

UNTITLED (Tanka)

You can fall into
my eyes and land in my heart.
How will you find your
way out? I'll look up often
so you can have enough light.

SIN TÍTULO (Tanka)

Puedes caer en
mis ojos y aterrizar en mi corazón.
¿Cómo hallarás
tu salida? Levantaré la vista con frecuencia
para que tengas suficiente luz.

LORCA'S LADY IN A NYC TRAIN

Green, I want you green...
Romance Sonámbulo, Federico García Lorca

In the busy subway she sits in green splendor,
from her silvered hair to her feet, and eyes closed.
Green streaked hair, green earrings, green jacket, green
scarf, green skirt, to delicate green shoes and socks.
On her lap her pale hands are crossed,
she has green painted fingernails.
And I see different shades of green,
mint green,
pistachio green,
olive green,
emerald green,
deepest green,
blue-green.
She sat with greens of the sea, of the mountainside.

About to exit on the next stop and standing close
to the door, I watch her open her eyes briefly to note
no one in front of her stared and closes them again.
Again, quickly I notice her
blue-green,
deepest green,
emerald green,
olive green,
pistachio green,
mint green.
She sat, dreaming in the greens of the sea and mountainside.
A vision of Garcia Lorca in his New York trip comes.
He stops and wishes her the greens of a spring morning,
and to stay so green among most gentle winds.

LA DAMA DE LORCA EN UN TREN DE NYC

Verde que te quiero verde...
Romance Sonámbulo, Federico García Lorca

En el ajetreado metro ella se sienta en verde esplendor,
desde su cabello plateado hasta los pies, y los ojos cerrados.
El cabello con rayos verdes, verdes aretes, chaqueta verde, verde
bufanda, falda verde, hasta delicados zapatos y medias verdes.
En su regazo sus pálidas manos se cruzan,
ella tiene las uñas pintadas de verde.
Y veo diferentes tonos de verde,
verde menta,
verde pistache,
verde olivo,
verde esmeralda,
el verde más profundo,
azul-verde.
Se sentó con los verdes del mar y de la montaña.

A punto de bajar en la siguiente estación y parada cerca
de la puerta, la miro abrir los ojos un instante para ver
que nadie enfrente de ella la observa y los cierra de nuevo.
Una vez más, rápidamente me doy cuenta de su
azul-verde,
el más profundo verde,
verde esmeralda,
verde olivo,
verde pistache,
verde menta.
Sentada, sueña con los verdes del mar y de la montaña.
Tiene una visión de García Lorca en su viaje a Nueva York.
Él se detiene y le desea los verdes de una mañana de primavera,
y permanecer siempre tan verde entre los más gentiles vientos.

THE SNAPSHOT
(or, An Ancient Lesson)

Coincidence falls like a coin.
Two elementary school classes
are placed to share recess time.
Two little sisters in fourth grade,
not in the same class,

who don't know one another,
start to converse,
"My big sister has a boyfriend,"
one says very proud.
"So does mine," the other answers.

"I have a picture of them together.
You want to see it?" She flashes it
from her notebook. "No, that's
not your sister's boyfriend!
He's my sister's boyfriend, Johnny."

"No, no, he's my sister's boyfriend."
Two little sisters go back and forth.
Two older sisters, one smiling John.
And the coin rolls forward.
"A girl in school said Johnny

is her sister's boyfriend,
and she has a photo of them, together.
I told her he was your boyfriend,"
she tells her older sister,
as the coin stood.

LA INSTANTÁNEA
(o, Una vieja lección)

La coincidencia cae como una moneda.
Dos salones de educación básica
se juntan para compartir el receso.
Dos muchachitas de cuarto grado,
pero no del mismo salón,

que no se conocen entre sí,
empiezan a conversar,
"Mi hermana mayor tiene un novio",
dice una con orgullo.
"También la mía", contesta la otra.

"Tengo una fotografía de los dos juntos.
¿Quieres verla?" Ella la saca
de su libreta "¡No, ése
no es el novio de tu hermana!
Es Johnny, el novio de mi hermana".

"No, no, él es el novio de mi hermana".
Las muchachitas discuten.
Dos hermanas mayores, un sonriente John.
Y la moneda rueda avanzando.
"Una niña en la escuela dijo que Johnny

es el novio de su hermana,
y tiene una foto de los dos, juntos.
Le dije que él era tu novio",
le dice a su hermana mayor,
mientras la moneda se detiene.

He pays a visit that evening
and it was sad "goodbye"
words waiting. Two little sisters,
two older sisters, and one
satisfied mother, who pressing
down on an ironing board,

says, "There must have been
a reason why I didn't like him,
anyway," and the coin rolled on.

Él la visitó esa noche
y un triste "adiós"
le aguardaba. Dos muchachitas,
dos hermanas mayores, y una
madre satisfecha, que recargada
sobre la tabla de planchar,

dice, "Debía haber
una razón por la que él no me gustaba,
de cualquier forma", y la moneda siguió rodando.

FOUND WORDS

Yes, words can make it through the valley of lost words.
It's been ten years since he asked her what she would like
for a birthday present. Keeping it simple she said,
"a comic book." He brought her one she could color.
It was placed in a heap deep in a closet shelf.
They drifted apart, she didn't think anything
special had grown between them. Years later, deciding
to get rid of clutter, she looked at what she had
forgotten. A paper fell to her feet. A note,
"I love you." "I love you," words emerge from the land
of lost words. The words haggard, but healthy, demand
audience. Though late, they breathe, dance on a small paper
as if time has not elapsed. A note has arrived
late to its intended, brings forth a long lost play.

PALABRAS ENCONTRADAS

Para Roseanne

Sí, las palabras pueden atravesar el valle de las palabras
                    perdidas.
Han pasado diez años desde que él le preguntó qué le gustaría
de regalo de cumpleaños. Algo sencillo, dijo ella:
"un libro de historietas." Él le trajo uno para colorear.
Fue colocado en un montón al fondo de una repisa del armario.
Ellos se separaron, ella no pensó que algo
especial hubiese crecido entre ellos. Años después, al decidir
deshacerse de cosas, vio lo que había
olvidado. Un papel cayó a sus pies. Una nota,
"Te amo". "Te amo", palabras salidas del país
de las palabras perdidas. Las palabras demacradas, pero
                    saludables, exigen
ser leídas. Aún con retraso, respiran, danzan en un pequeño papel
como si el tiempo no hubiese transcurrido. Una nota ha llegado
tarde a su destino, saca a la luz un juego perdido desde
                    hace mucho.

A HUSH IN OLD GRANADA

*(Inspired by a Moorish pillow cover
belonging to Isabella of Castile)*

As blazing sun moves across the landscape
on embroidered pillows of Granada
you can lie back and rest your tired spirits.
Business, is closed for now, but just for now.

Embroidered cloaks and clothing lie in
the shade, while the sun is in full glory.
Embroidered veils rest in folds over soft arms.
Here, dreams are secluded, no one can invade
their secrets, they cannot be carried off while
they unfold on embroidered pillows.

Hands that were at work have stopped while the sun
moves in its glory, this is no time to speak,
hush, let tyranny rest. Words of love dispel
as the sun speaks peace on embroidered pillows.

UN MURMULLO EN LA ANTIGUA GRANADA

*(Inspirada en una funda de almohada morisca
perteneciente a Isabel de Castilla)*

Mientras el ardiente sol atraviesa el paisaje
sobre las almohadas bordadas de Granada
puedes acostarte y refrescar tus cansados ánimos.
Por ahora el negocio está cerrado, pero solo por ahora.

Mantos bordados y ropajes yacen en
la sombra, mientras el sol está en plena gloria.
Velos bordados reposan doblados sobre suaves brazos.
Aquí, los sueños están recluidos y nadie puede invadir
sus secretos, no pueden ser extraídos mientras
se despliegan sobre las almohadas bordadas.

Las manos que trabajaban se han detenido mientras el sol
camina en su gloria, no es momento para hablar,
silencio, deja descansar la tiranía. Palabras de amor se disipan
mientras el sol habla de paz sobre las almohadas bordadas.

TOMB

The sarcophagus, it's remarkable.
Ancient writing painted around speaks out.
Is it a priest, a queen, or a pharaoh?

And looking at the walls of the priest's tomb,
the birds that navigated olden waters,
and an endless sky, are still shown, vivid.

They were there—they flew, they swam up and down
the Nile and now they do, vibrant on the walls.
For thousands of years in this private chamber

they've been captured in their flight. A room found
yet again, open to the eye. Behold, there's
not much left of riches once there. There's enough

to be thankful for. Those lively birds that could
not leave the chamber; great the artist's hand
whose strokes on walls brought them to splendid life

now released into the present. Birds, not cast
in gold, but drawn, where they seem to move through
space, in time. Though much is dust, they still take

off as they did from the water to the air,
and when freshly painted on those walls. They,
that were meant to fly elsewhere, still lovely there.

LA TUMBA

El sarcófago es extraordinario.
Habla la escritura antigua pintada sobre él.
¿Es un sacerdote, una reina, o un faraón?

Y mirando en las paredes de la tumba del sacerdote
a las aves que navegaron aguas ancestrales
y un cielo infinito, éstas todavía se muestran vívidas.

Estuvieron ahí—volaban, nadaban en el Nilo río arriba y
río abajo y lo hacen ahora mismo, vibrantes sobre los muros.
Durante miles de años en esta cámara privada

han sido atrapadas en su vuelo. Una estancia que las halla
sin embargo otra vez, a plena vista. Mirad, no queda
mucho de las riquezas de entonces. Pero hay lo suficiente

para agradecer. Ésas vivaces aves que no pudieron
dejar el aposento; grande es la mano del artista
cuyos trazos en las paredes las trajo a la vida espléndida

que ahora se libera en el presente. Aves no fundidas
en oro, sino dibujadas, que parecen moverse a través del
espacio y el tiempo. A pesar de tanto polvo, aún alzan

el vuelo como lo hacían desde el agua hacia el aire,
y cuando estaban recién pintadas sobre esas paredes. Ellas,
creadas para volar al otro mundo, siguen allí, encantadoras.

WORDS

Words form my expectations,
they make my bed,
they create my scenery,
materialize my honesty.

They will conjure love,
but won't always move
into the right direction.
They rain down, or blossom

in perfumed sways.
Words explode with comfort
and dismay in the mind
to target the soul.

Steel-capped. Frail ones,
often, not on stone.
What is there without words,
because even silence can say,

because words are sound.
I fear the "no" I give you
is written on the sand,
and it is about to rain.

PALABRAS

Las palabras forman mis esperanzas,
ellas hacen mi lecho,
crean mi paisaje,
materializan mi honestidad.

Ellas evocan amor,
pero no siempre van
en la dirección correcta.
Ellas llueven, o florecen

en vaivenes perfumados.
Las palabras explotan con alivio
y desconsuelo en la mente
para alcanzar el alma.

Envueltas en acero. Frágiles
a menudo, no sobre la piedra.
¿Qué queda sin las palabras?
Porque hasta el silencio puede decir,

porque las palabras suenan.
Temo que el "no" que te doy
está escrito en la arena,
y está a punto de llover.

SMELL AND TASTE

I like the smell of cinnamon,
it reminds me of holidays,
delicate pastry,

of a morning's oatmeal,
and my mother's voice.
I love the taste of almonds,

an ancient food
that seems to contain eternity.
They carry me back to childhood

where I walk a river
with my grandmother,
and we stop
to stare at the horizon.

AROMA Y SABOR

Me gusta el aroma de la canela,
me trae recuerdos de los días feriados,
la repostería delicada,

una avena matinal,
y la voz de mi madre.
Amo el sabor de las almendras,

una receta antigua
que parece contener eternidad.
Ellos me llevan de vuelta a la infancia

donde camino junto a un río
con mi abuela
y nos detenemos
a contemplar el horizonte.

LEAVES

I breathe in the wind,
  and if I have to fall
    let me fall like a leaf.

It turns and spins and
  suddenly stops to waver
    about, spreading along

its space it still dances. . . .
  It partners the wind
    that takes it along in

the scheme of the season,
  proving even a fall
    is just part of the whole,

the pattern of the dance;
  of what is and can be.
    I breathe in the wind.

HOJAS

Yo respiro en el viento,
  y si tengo que caer
    déjame caer como una hoja.

Se voltea y gira y
  de pronto se detiene para
    agitarse otra vez, desplegada en

su espacio baila todavía. . . .
  Se asocia con el viento
    que la lleva a lo largo

del ciclo estacional,
  demostrando que hasta una caída
    es solo parte del todo,

del patrón de la danza;
  de lo que es y lo que puede ser.
    Yo respiro en el viento.

IN PRAISE OF PILLOWS
(or, Ode to Pillows)

Life flows toward the pillow's comfort.
We cannot carry one, we move towards it.
Pillow, pillow. We need happy dreams.
A pillow waits to unfold the universe.

Since remote days when they were made
of leaves and grass a pillow cushioned.
From olden times those embroidered
or ruffled have added beauty to a room.

At the end of day there's a dream needed.
Give me a pillow and take one and hope for
the good day after the good night. Give me
pillows! Feathered, foam, however filled.

Pillow yourself near me. Even as metaphor
the need to be pillowed. My pillow brings
me into the fresh morning with a soft touch.
On a pillow there are dreams of renewal,

hope for the coming day. The rest
on a comfy pillow can bring memories
and pictures of what we loved and lost,
forget the nightmare when on a pillow.

Some want the pillowed gold and silver
threaded life, all pillows seem gold
and silver threaded when they are needed.
The need of pillows to ponder on. It all

ELOGIO DE LAS ALMOHADAS
(u, Oda a las almohadas)

La vida fluye hacia la comodidad de la almohada.
No podemos llevar una, nos movemos hacia una.
Almohada, almohada. Necesitamos dulces sueños.
Una almohada espera para desplegar el universo.

Desde los días remotos en que eran hechas
de hojas y hierbas, una almohada amortiguaba.
Desde tiempos ancestrales, bordadas
o con holanes, han añadido belleza a una habitación.

Al final del día hay un sueño necesario.
Dame una almohada y toma una y espera
el buen día después de la buena noche ¡Denme
almohadas! Emplumadas, de espuma, llenas como sea.

Almohádate cerca de mí. Incluso como metáfora
la necesidad de ser almohadado. Mi almohada
me trae a la fresca mañana con un suave toque.
Sobre una almohada hay sueños de renovación,

esperanza para el día siguiente. El descanso
sobre una almohada cómoda puede traer recuerdos
e imágenes de lo que amamos y perdimos,
olvídate de las pesadillas si estás sobre una almohada.

Algunos anhelan la mullida vida bordada en oro
y plata, todas las almohadas parecen bordadas en oro
y plata cuando se las necesita.
La necesidad de almohadas para reflexionar. Todo

comes down to a pillow, a waiting pillow,
a cushion where words can flow and mind
and body can rest and float toward
a gentle universe and the right answer.

se reduce a una almohada, una almohada que espera,
un cojín donde las palabras puedan fluir y la mente
y el cuerpo reposar y elevarse hacia
un universo amable y la respuesta correcta.

Evie Ivy

TIME, THE ARTIST
(or, The Bather)

Ashes can travel the wind. Odors can hang
on to years. They come back to my doorstep.

I'm an eternal bather in a painting,
who goes into the waves, the tub, the shower,

caught coming out thinking it is all gone,
only to move back in again, and trapped

in returning winds with the ash and odor
of an eternity lost. Time seems to have

hung me up on a wall as such. And I can't
escape into green meadows of love, with long

sweeping clothes that move in the breeze, in a new
and sunny day, in a fresh painting by time.

EL TIEMPO, EL ARTISTA
(o, La bañista)

Las cenizas viajarán en el viento. Los olores persistirán
por años. Ellos regresan a mi puerta.

Soy una bañista eterna en una pintura,
que se adentra en las olas, la tina, la ducha,

siempre pensando al salir que todo terminó,
solo para regresar de nuevo, y ser atrapada

entre vientos que vuelven con la ceniza y el olor
de una eternidad perdida. Parece que el tiempo me ha

colgado en una pared de esta forma. Y no puedo
escapar hacia los verdes prados del amor, con mis largas

ropas que escurren y se mueven en la brisa, en un nuevo
y soleado día, en una pintura recién hecha por el tiempo.

THE COUCH IN THE DREAM

Even in a dream the truth is important.
How is that? When dreams can be so abstract?
I dream I don't want a couch taken away.
Two men have come to remove it. I tell them—
"Why are you taking it away?
Was it the company that said so?

Please tell me the truth! Tell me," I demand.
The couch seemed to have been special to me.
I start to wail and wail as they start picking
it up at each end. "Please tell me,
it was the company? Tell me.
Tell me the truth."

My sad and loud constant wails awoke me.
Even in a dream the truth is important,
even in dreams where things are so surreal.

EL SOFÁ EN EL SUEÑO

Aún en un sueño la verdad es importante.
¿Cómo es eso, si los sueños suelen ser tan abstractos?
Sueño que no quiero que se lleven un sofá.
Dos hombres han venido a llevárselo. Les digo–
"¿Por qué se lo llevan?
¿La compañía se los ha solicitado?

¡Díganme la verdad, por favor! Díganme", les reclamo.
El sofá parecía haber sido algo especial para mí.
Empiezo a quejarme y quejarme cuando empiezan a tomarlo
de cada extremo. "Por favor díganme,
¿fue la compañía? Díganme.
Díganme la verdad".

Mis tristes, sonoros y constantes lamentos me despiertan.
Aún en un sueño la verdad es importante,
aún en los sueños donde las cosas son tan irreales.

SILENT SHADOW

Where luscious secrets dwell
I watched you by the table
where you played what game was it . . .
by yourself. Your shadow moves
knowing it's but a shadow

and could do little. It can't
explain itself. I linger
to understand, view and view . . .
where luscious secrets dwell.

Don't understand why, only,
that there somehow . . . is your
shadow left. It can't speak,

I watch it just be shadow.
And I've lost the moment near

where luscious secrets dwell.

SOMBRA SILENCIOSA

Donde moran secretos deliciosos
te miré junto a la mesa
donde jugabas quién sabe qué juego . . .
solitario. Tu sombra se mueve
sabiendo que es solo una sombra

y que podría hacer muy poco. No puede
explicarse a sí misma. Me tardo
en entender, miro y miro . . .
donde moran secretos deliciosos.

No entiendo por qué, solamente
que ahí de alguna manera . . . quedó
tu sombra. No puede hablar,

la veo ser solo sombra.
Y he perdido el momento cercano

donde moran secretos deliciosos.

Evie Ivy

ODE TO LOVE SONGS

Inspired by a line from an old Spanish Gypsy song,
"I go to sleep thinking of you,"
and olden Egyptian love poems.

Ancient love songs spend their days roaming
earth, to bathe in the flames of the sun
and then cool in the light of the moon.
Listening to the old sweet love song,

how true, that we live nothing new.
We sing the same concerns that still
hold sway to drums and strings and flutes.
Read the love poems that long ago

were sung, and through the passing years,
find they could have been written today.
Words that bring forth the same eternal
pleas of love, still flow and find a place

in our minds and hearts. How true, at least
with love, we do live nothing new.
Old love songs will still fill the air,
to reinvent themselves and circle

on, performing their eternal play.
Ancient love songs spend their days roaming
earth, to bath in flames of the sun,
and then cool in the light of the moon.

110

ODA A LAS CANCIONES DE AMOR

Inspirada en una línea de una vieja canción española-gitana,
"Me duermo pensando en ti",
y en antiguos poemas de amor egipcios.

Las canciones de amor antiguas pasan los días recorriendo
la tierra para bañarse en las llamas del sol
y luego refrescarse a la luz de la luna.
Escuchando la dulce y vieja canción de amor,

es verdad que no vivimos nada nuevo.
Cantamos las mismas preocupaciones que aún
mantienen el dominio de tambores, cuerdas y flautas.
Leemos los poemas de amor que fueron cantados

hace mucho, y al paso de los años,
encontramos que podrían haber sido escritos hoy.
Palabras que llevan y traen los mismos eternos
ruegos de amor, que aún fluyen y encuentran un lugar

en nuestras mentes y corazones. Es verdad, al menos
en el amor, que no vivimos nada nuevo.
Las viejas canciones de amor aún llenarán el aire
para reinventarse y reciclarse,

escenificando su drama eterno.
Las canciones de amor antiguas pasan los días recorriendo
la tierra para bañarse en las llamas del sol
y luego refrescarse a la luz de la luna.

THE AUDIENCE HALL

*An "audience" room was found in a Bronze Age palace,
in southeastern Spain. Archaeologists believe it's the oldest-known
constructed for political use in Europe.*

And when the time comes
I will walk upright into the audience hall.
I will tell the judges what I know,
and why I think I know it.

Who, was responsible for the trees
falling in the wind the way they did,
the way the water went,
how it all ruined . . . the growing seeds.

He takes me aside by the waist,
asking for lies, she holds her head asking
for more. How can something be made
or given from where there is naught?

And when the time comes
I will walk upright into the audience hall.
I will tell the judges what I know,
and why I think I know it.

LA SALA DE AUDIENCIAS

En el sureste de España se encontró una sala de "audiencias" en un
palacio de la Edad de Bronce. Los arqueólogos creen que es la más antigua
que se conozca en Europa, construida para fines políticos.

Y cuando llegue el momento
caminaré con entereza en la sala de audiencias.
Diré a los jueces lo que sé,
y por qué creo que lo sé.

Quién fue responsable de los árboles
cayendo en el viento del modo en que lo hicieron,
la manera en que el agua entró,
cómo todo arruinó . . . las semillas germinadas.

Él me lleva aparte tomándome por la cintura,
pidiendo mentiras, ella se agarra la cabeza pidiéndome
más ¿Cómo algo se puede hacer
o darse de donde no hay nada?

Y cuando llegue el momento
caminaré con entereza en la sala de audiencias.
Diré a los jueces lo que sé,
y por qué creo que lo sé.

AND TODAY IS . . .

"What day is it today? What day is it today?"
A woman pokes her head out a window
and asks. It's a lovely sunny day. I look up.
It was as if behind her window there was
a dark vacuum of time. A vacuum of time
she had just emerged from. As if she had
emerged from a different time set world.

What day is it today? Yes, anyone can
forget. "It's Wednesday," I say. Was I right?
Maybe she had a medical appointment—
like my mother usually had. We must mark
each day lovingly. Yes, it is Wednesday.
Wednesday. Yes, it is. What day is it
today. "What day is it today?" she asked.

Y HOY ES . . .

"¿Qué día es hoy? ¿Qué día es hoy?"
Una mujer asoma su cabeza por la ventana
y pregunta. Es un adorable día soleado. Miro hacia arriba.
Era como si detrás de su ventana hubiera
un oscuro vacío de tiempo. Un vacío de tiempo
del cual ella acababa de surgir. Como si hubiera
surgido de un mundo con un horario distinto.

¿Qué día es hoy? Sí, cualquiera puede
olvidarlo. "Es miércoles", digo. ¿Estaba yo en lo cierto?
Quizás ella tenía una cita médica—
como usualmente las tenía mi madre. Debemos marcar
amorosamente cada día. Sí, es miércoles.
Miércoles. Sí, lo es. ¿Qué día es
hoy? "¿Qué día es hoy?" ella preguntaba.

EMPORIUM

In some other planet—yes, you can
exchange, undo parts of your life;
you can go to an emporium
and pick up or exchange if love
does not work out (or even a house)
if it made you more miserable
than happy. You can go and exchange,
get your years back even if you
lost the receipt.

Then you can choose to go through
something like a car wash, and
come out new again, clean of those
years you gave it, no memory,
thus no scars—free to try again
or live on. In some other planet
you can undo.

EMPORIO

En algún otro planeta—sí, tú puedes
intercambiar, deshacer partes de tu vida,
puedes ir a una megatienda
y adquirir o canjear el amor si
no funciona (o incluso una casa),
si te hizo más miserable
que feliz. Puedes ir y cambiarlo,
obtener de vuelta tus años aún si
perdiste el recibo.

Luego puedes decidir meterte a
algo así como un lavado de autos, y
salir como nuevo otra vez, limpio de aquellos
años que diste, sin memoria,
y por tanto sin cicatrices—libre para intentar
vivir de nuevo. En algún otro planeta
te puedes reparar.

MY PORTAL

My one and only walk-in closet
sings to me—could that be possible?
For more than a decade I have given
it my life—new and used. Regular priced
items, bargain basement, thrift shop
"finds." I have accessorized it, lovingly.

It even holds blankets, books
and magazines. It's so tight in there
I can't move or find a thing.

I've had to give it a good grooming.
It's taken me a day and I've found
what I've long forgotten—things I forgot
I bought of lace and leather.
Things I forgot I had, things I thought
I'd lost forever, are coming back.

And I almost feel rich and well-tended.
A gateway to euphoria now,
as now, my closet sings to me.

MI PORTAL

Mi original y único clóset-vestidor
me canta—¿puede ser eso posible?
Por más de una década le he entregado
mi vida—nueva y usada. Artículos de precio
regular, ofertas de garage, "hallazgos" de
tiendas de descuento. Lo he surtido amorosamente.

Guarda incluso cobijas, libros
y revistas. Todo tan apretado ahí adentro
que no puedo mover o encontrar algo.

He tenido que darle una buena acomodada.
Me ha llevado un día y he encontrado
lo que había olvidado hace mucho—cosas de encaje
y de piel que olvidé que compré.
Cosas que olvidé que tenía, cosas que creía
perdidas para siempre, están de vuelta.

Y casi me siento rica y bien avenida.
Un portal hacia la euforia este momento
en que mi clóset me canta.

AND TIME IS . . .

And time is not a toy.
It moves rampant on earth.
The beauty of days gone,
what do they matter,
as it enables the new panorama?

As if there was nothing lost
among those broken pillars, or skyline,
what was buried among sand, water,
or tight in the earth.
Earth, who knows everything

and lets it all go.
Earth, once a mere ball of dust,
tightened into the now.
But time, time is everywhere
and yet lost, there and nowhere,

as it moves with itself.
Yes time, time won't be a toy.

Y EL TIEMPO ES . . .

Y el tiempo no es un juguete.
Se mueve desenfrenado sobre la tierra.
La belleza de los días idos,
¿Qué importa,
mientras haga posible el nuevo panorama?

Como si no se hubiese perdido nada
entre aquellas columnas rotas, o en el perfil citadino,
que fue sepultado entre arena, agua,
o encerrado en la tierra.
La tierra, que lo sabe todo

y todo lo deja ir.
La tierra, alguna vez una simple esfera de polvo,
constreñida en el ahora.
Pero el tiempo, el tiempo está en todas partes
y sin embargo perdido, allí y en ninguna parte,

mientras se mueve consigo mismo.
Sí, el tiempo, el tiempo no será un juguete.

THE GIRLS AND THEIR SAVINGS

They're saving men, two pretty girls down the sidewalk
Are saving men. We do need them in paradise.
One has a straight blond pony tail and a brunet
With long wavy hair, are giving out religious tracts
With invitations to the church. "How do you do?"
"Please come, and be saved" they are saying to the men—
Young men and still healthy looking middle aged men.
The girls talk and they giggle. "Come to the service!"
I walk behind them a few blocks, before I enter
A store, and had noticed they didn't offer one
To the ladies, younger or older that passed them by.
We do need those good looking men in paradise,
(And I think, who would want their husband in that church?)
On my way home an older woman gives me a tract.

I then wondered if it was the same church, because
The girls are happily saving men. And praise the Lord.
Up the avenue they walk, and they're saving men.

LAS MUCHACHAS Y SUS SALVACIONES

Están salvando hombres, dos chicas lindas por la calle
Están salvando hombres. Los necesitamos en el paraíso.
Una que tiene una firme cola de caballo rubia, y una morena
Con cabello largo y ondulado, reparten folletos religiosos
Con invitaciones para la iglesia. "¿Cómo están?"
"Por favor vengan, y serán salvados" dicen a los hombres—
Jóvenes, y hombres maduros que aún lucen saludables.
Las chicas hablan y ríen. "¡Vengan al servicio!"
Camino detrás de ellas unas cuantas cuadras, antes de entrar
A una tienda, y he notado que no ofrecían ninguno
A las señoras, jóvenes o mayores, que pasaban junto a ellas.
Necesitamos a esos hombres guapos en el paraíso,
(Y pienso, ¿quién querría a su marido en esa iglesia?)
De camino a casa una mujer mayor me da un folleto.

Me pregunté entonces si sería la misma iglesia, porque
Las chicas son felices salvando hombres. Alabado sea el Señor.
Ellas caminan avenida arriba, y están salvando hombres.

SYMBOL FOR THE NOW

I want to believe in today.
They have found in a cave's wall
the oldest palm prints to date.

No other symbols just plain entire
hands, fingers out and clear upon
the stone. We do what we can

to move smooth with our time.
Little playful moments, can lead
us forward, on. High fives from
tens of thousands of years ago,

into the present. There are no
immediate doors to put the palm
against for a good respite away

for what waits to be faced in times
ahead. I put my palm to my chest,
say, I have to believe in the day.

SÍMBOLO PARA EL AHORA

Quiero creer en el hoy.
Han hallado en las paredes de una caverna
las más antiguas impresiones de manos hasta la fecha.

Ningún otro símbolo, solo sencillas manos
completas, dedos extendidos y claros sobre
la piedra. Hacemos lo que podemos

para fluir suavemente con nuestro tiempo.
Pequeños momentos festivos, pueden llevarnos
adelante, por encima. Manos exultantes de
hace decenas de miles de años,

en nuestro presente. No hay
puertas inmediatas para colocar la palma
encima y tomar una buena pausa

por lo que se espera enfrentar en los tiempos
venideros. Pongo mi palma sobre mi pecho
y digo, tengo que creer en el día.

WINTER MILD

I step quietly into the night,
a dark blanket I fear not. I see
lights here and there. The sound of traffic.
It seems insignificant in an
immense night. Now and then, someone
passes by me, as if hurriedly
going home. There are streets with once
shady trees. Lamplights filter through
their lone branches. I pass by benches
where we never sat. The wind drives leaves
still about, and small debris around
in wild circles. I don't feel it.

There is some warmth; but spring is not
breaking in this quiet Brooklyn night.

INVIERNO SUAVE

Entro silenciosamente en la noche,
frazada obscura a la que no temo. Veo
luces aquí y allá. El sonido del tráfico.
Parece insignificante en una
noche inmensa. De vez en cuando alguien
pasa junto a mí, como apurado
por llegar a casa. Hay calles que alguna vez tuvieron
árboles frondosos. Las farolas se filtran entre
sus ramas solitarias. Paso al lado de bancas
donde nunca nos sentamos. El viento mueve las hojas
que aún quedan, y los pequeños restos a su alrededor,
en giros salvajes. Yo no lo siento.

Hay alguna calidez; pero la primavera no
irrumpe en esta noche tranquila de Brooklyn.

Evie Ivy

THOSE TIMES
(or, What You Could Be To Someone)

Two school children in the crowded
bus are talking and are easily heard;
"She said that when she grows up
she wants to be a princess."
"That's silly, there's no such thing."
Yes, silly. Goodness. I remembered
I wanted to be a fairy godmother.
But then, it's easier to be a princess,
depending on how you look at it.

AQUELLOS TIEMPOS
(o, Lo que puedes ser para alguien)

Dos niñas de primaria en el atestado
camión están platicando y se les oye fácilmente;
"Ella dijo que cuando crezca
quiere ser una princesa".
"Eso es tonto, no hay tal cosa".
Sí, es tonto. Por dios. Recordé
que yo quería ser un hada madrina.
Pero luego, es más fácil ser una princesa,
depende de cómo lo veas.

FRUIT OF THE NIGHT

Late evening, I walk toward the subway
and look up. And there, was the plumpest
yellow moon, I had ever seen. No demure
moon, she was sole fruit of the evening sky.
I sat on a nearby stoop to be with her, full
up there, close, and lush. For some eternal
minutes, we kept each other company.

She was like a woman walking, flaunting a size
D cup. A man out of the gym that shows
biceps down the street. A dream within a dream.
A full serving of vanilla ice cream,
a needed full glass of cold water.

Was I the only one that took note sitting there?
She was an Andalusian hand on a guitar,
a "rocker," on his drums.
Fuel, in a rocket ship.

Opulent queen. I just wanted to sit
below that moon. And sat for a couple of minutes.
I hated to leave, but had to get home, and started
to walk to the subway a long half block down.
At the entrance I look up, to say my goodbye
to the ripe fruit about to fall. The moon now,
seemed to have become—very regular!

FRUTO DE LA NOCHE

Noche avanzada, camino hacia el subterráneo
y levanto la vista. Y allí estaba la más redonda
luna amarilla que jamás había visto. Luna sin
remilgos, ella era fruto único del cielo nocturno.
Me senté en un escalón cercano para estar con ella, plena
allí arriba, cercana y exuberante. Por unos minutos
eternos, nos hicimos compañía una a la otra.

Ella era como una mujer que camina ostentando una copa
talla D. Un hombre salido del gimnasio que muestra
los bíceps a media calle. Un sueño dentro de un sueño.
Una bola completa de helado de vainilla,
un ansiado vaso lleno de agua fría.

¿Era yo la única que tomaba nota sentada ahí?
Ella era una mano andaluza sobre una guitarra,
un "rockero" sobre sus tambores.
Combustible, en un cohete espacial.

Reina opulenta. Yo solo quería sentarme
debajo de aquella luna. Y me senté por un par de minutos.
Odiaba irme, pero tenía que llegar a casa y empecé
a caminar hacia el subterráneo, una larguísima media calle.
Al entrar miré hacia arriba para dar mi adiós
al fruto maduro a punto de caer. ¡La luna ahora,
parecía haberse convertido en algo—bastante ordinario!

OLDEN CHANTS

The sun, the giver, whom the ancient
Egyptians called Lord runs through us all.
I dream I walk in the procession for Amun Ra.

And nothing was said because too much good
can turn bad, but too much bad is worse.
Some dance or they chant as they move.

Here, question nothing walking under the light,
and feel there's movement in the light. My feet
know the ground and I'm one with the star.

We melt into one and all flows forgotten,
pure, as we walk in the procession for Amun Ra,
the sun, whom the ancients called Lord.

ANTIGUOS CÁNTICOS

El sol, el dador, a quien los antiguos
egipcios llamaban Señor, pasa a través de nosotros.
Sueño que camino en la procesión de Amun Ra.

Y no se dijo nada porque demasiado bien
puede convertirse en mal, aunque demasiado mal es peor.
Algunos danzan o entonan cánticos mientras marchan.

Aquí, no preguntes nada cuando camines bajo la luz,
y siente que hay movimiento en la luz. Mis pies
conocen la tierra y soy una con el astro.

Nos fundimos en uno y todo fluye olvidado,
puro, mientras caminamos en la procesión de Amun Ra,
el sol, a quien los antiguos llamaban Señor.

POEM

The poem started
on the back
of an envelope

among other things—
an old store receipt,
on a crinkled bag

or an already
crowded notebook.
Even, on the palm

of the hand,
from where it flew
to stretch out on

its own big white
sheet of paper.

POEMA

El poema empezó
en el reverso
de un sobre

en medio de otras cosas—
un viejo recibo de compras,
encima de una bolsa arrugada

o en un cuaderno
ya atestado.
Incluso, sobre la palma

de la mano,
de donde voló
para extenderse sobre

su propia blanca enorme
hoja de papel.

DESTINED

She fell in love
with impossible men,
and the inaccessible,
were always possible,
forever attainable.

That's why when she met
the possible one
and he was accessible,
it was too improbable.

And she went on so miserable.
Of a life, this was just
another inexplicable,
impeccable design.

DESTINADA

Ella se enamoró
de hombres imposibles,
y los inaccesibles
fueron siempre posibles,
siempre alcanzables.

Por eso cuando conoció
al posible
y éste fue accesible,
eso era demasiado improbable.

Y ella continuó tan miserable.
De una vida, esto fue solo
otro inexplicable,
proyecto impecable.

THE WALK

I want to drape my head
and become one with the night.
I look up at the moon—
a ball in the sky that seems
protected, wrapped in some
diaphanous tulle—yet

in its perfectly round phase up there.
The night is not moonless.
Tigers have stripes, zebras
have stripes, but you can't be
confused. Put a pig in a palace
and it will still "oink" at you.

What could change?
And what should? Maybe—
only the moon?
I look at the tulle sphere.
In the darkened sky it looks safe
and snug in its transparent bag.
Elegant, it seems to complete

a picture of the sparkling night.
Tiger is tiger and a zebra
is a zebra. And there is nothing
to change. I pull my scarf
and drape my head and become
one with the beautiful night.

LA CAMINATA

Quiero cubrir mi cabeza
y ser una con la noche.
Miro hacia la luna—
una esfera en el cielo que parece
protegida, envuelta entre
diáfanos tules—y a pesar de ello

en perfecta fase redonda allí arriba.
Esta no es una noche sin luna.
Los tigres tienen rayas, las cebras
tienen rayas, pero no puedes
confundirte. Pon un cerdo en un palacio
y de todas formas te dirá "oink".

¿Qué podría cambiar?
¿Y qué debería hacerlo? ¿Quizás—
solamente la luna?
Miro hacia la esfera de tul.
En el cielo obscurecido se ve a salvo
y confiada en su bolsa transparente.
Elegante, parece completar

un cuadro de la noche brillante.
Un tigre es un tigre y una cebra
es una cebra. Y no hay nada
que cambiar. Tomo mi bufanda
y cubro mi cabeza y me vuelvo
una con la hermosa noche.

Evie Ivy

Evie Ivy, is a dancer/instructor, poet in the NYC poetry circuit. Since childhood she has studied and enjoys writing in diverse poetic styles: free verse, syllabic form and metric, including prose poetry. She produces *Dance of the Word*, a program combining poetry, dance, music and song.

Evie has been the originator of several poetry readings, and host for many years of the long-running Green Pavilion Poetry Event in the borough of Brooklyn. Their third poetry anthology, *Leisure . . . Dinner with the Muse, Vol. III*, is already out. She has also helped edit at least seven anthologies and five poetry journals throughout the years.

She has published three poetry books: *The First Woman Who Danced, Living in 12-Tone and other poetic forms*, and *No, No Nonets . . . the Book of Nonets* (Ra Rays Press), which has become her personal favorite. Her chapbooks include *King of Fear* (meta4 Press), *Characters: I Like Myself the Way I Am* (Something More Press), and *Cinquain, My Dear Cinquain, selected cinquains* (Grey Book Press.)

Her work has appeared in websites such as *First Literary Review-East*, the Brooklyn Borough's President Website (Poetic Brooklynites), the electronic magazine *Levure Littéraire*, the *Newspaper Tree El Paso*, the journal *Verse Wrights* and others. Her work is also included in over a dozen anthologies, and has been read on radio and Cable TV.

Evie Ivy also enjoys artwork, and has illustrated poems in many poetry journals. Besides dance, writing and art, her favorite subjects are archaeology and astronomy.

Evie Ivy

Evie Ivy es bailarina, instructora de danza, y poeta en el circuito de poesía de Nueva York. Desde su infancia ha estudiado y disfruta de la escritura en diversos estilos poéticos: verso libre, formas silábicas y métricas, incluida la poesía en prosa. Produce *Dance of the Word*, un programa que combina poesía, danza, música y canciones.

Evie ha sido promotora de varias lecturas de poesía, así como anfitriona por muchos años del Green Pavilion Poetry Event en el distrito de Brooklyn. La tercera antología de poesía de este grupo, *Leisure . . . Dinner with the Muse, Vol. III*, acaba de ser publicada. Así mismo, ha ayudado a editar al menos siete antologías y cinco revistas de poesía.

Ella tiene tres libros de poesía publicados: *The First Woman Who Danced, Living in 12-Tone and other poetic forms*, y *No, No Nonets . . . the Book of Nonets* (Ra Rays Press), éste último se ha convertido en su favorito. Sus *plaquettes* incluyen *King of Fear* (meta4 Press), *Characters: I Like Myself the Way I Am* (Something More Press), y *Cinquain, My Dear Cinquain, selected cinquains* (Grey Book Press).

Su trabajo ha aparecido en sitios web como *First Literary Review-East*, el sitio web del presidente del condado de Brooklyn (Poetic Brooklynites), la revista electrónica *Levure Littéraire*, en *Newspaper Tree El Paso*, la revista *Verse Wrights* y otros. Su obra está incluida en más de una docena de antologías, y ha sido leída tanto en radio como en televisión por cable.

Evie Ivy disfruta del arte y ha ilustrado poemas en muchas revistas de poesía. Además de la danza, la escritura y el arte, tiene como temas favoritos la arqueología y la astronomía.

Darklight Publishing

"BRIDGES" BILINGUAL POETRY SERIES /
COLECCIÓN BILINGÜE DE POESÍA "BRIDGES"

1. *In the Fire of Time / En el fuego del tiempo*
María Ángeles Juárez Téllez

2. *Songs of Mute Eagles / Canto de águilas mudas*
Arthur Gatti

3. *Axolotl Constellation / Constelación Axólotl*
Alejandro Reyes Juárez

4. *Trace / Traza*
Iliana Rodríguez

5. *Am I my Brother's Keeper? / ¿Soy el guardián de mi hermano?*
Bernard Block

6. *Postmodern Valladolid / Valladolid posmoderna*
Raúl Casamadrid

7. *The Body's Politics / La política del cuerpo*
Jessica Nooney

8. *Amidst Water and Mud / Entre el agua y el lodo*
Héctor García Moreno

9. *Ritual of Burning Flesh / Ritual de la carne en llamas*
Maribel Arreola Rivas

10. *In Memory of the Kingdom / En memoria del reino*
Baudelio Camarillo

11. *On a Timeless Path / Por un sendero sin tiempo*
Rosario Herrera Guido

12. *The Fresco Technique / La técnica del fresco*
Carlos Santibáñez Andonegui

13. *Wherever the Wind Blows I Will Go / Iré a donde el viento sople*
Peter Blaxill

Made in the USA
Middletown, DE
13 September 2022